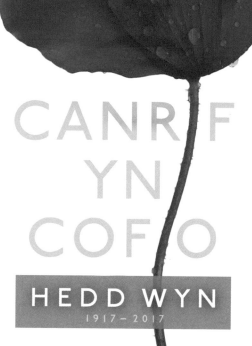

CANRIF YN COFIO

HEDD WYN
1917–2017

GOLYGYDD

IFOR AP GLYN

CARREG GWALCH

CYNNWYS

RHAGAIR

Mae'r Cymry wedi bod yn cofio am Hedd Wyn fyth ers y diwrnod trist hwnnw yn 1917 pan ddyfarnwyd iddo Gadair genedlaethol am ei awdl i'r 'Arwr'. Roedd yntau eisoes wedi mynd yn 'arwr' i'w fedd ar feysydd Fflandrys.

Eleni, wrth i ni ddynesu at ganmlwyddiant ei farwolaeth (31.7.17), bydd mwy o ddigwyddiadau nag erioed o'r blaen er cof amdano. Ymhlith pethau eraill, bydd cyngerdd mawreddog yn Eisteddfod Genedlaethol Môn, ac eisteddfod goffa ym Mhenbedw, gyda chadair goffa arbennig o Fflandrys yn brif wobr. Ail gyhoeddir pigion o *Cerddi'r Bugail* mewn tair iaith Ewropeaidd yn ogystal â detholiad Cymraeg wedi'i olygu gan Gruffudd Antur. Bydd darlithiau cyhoeddus, llyfr newydd yn adrodd ei hanes, a dwy raglen ddogfen deledu ar S4C a BBC Cymru. Hyn oll ynghyd ag ail agor yr Ysgwrn ar ôl gwario £2.8 miliwn o gronfa'r loteri er mwyn diogelu'r ffermdy a'r cadeiriau, ac i ddatblygu'r tai allan fel canolfan ddehongli newydd.

Mae sawl gwedd ar y cofio erbyn hyn. Ond ar hyd y ganrif a aeth heibio, mae'r beirdd wedi canu'n rheolaidd er cof amdano ac maen nhw'n dal i wneud hynny.

Nod triphlyg sydd i'r gyfrol hon felly:

- Rhoi trosolwg ar sut mae beirdd ddoe wedi ymateb i hanes Hedd Wyn o 1917 hyd y presennol
- Rhoi gwahoddiad i nifer o feirdd heddiw i ychwanegu at y cofio gyda cherddi newydd.
- A rhoi rhyw fath o gyd-destun i ganu ddoe a heddiw. Sut mae'r cof am Hedd Wyn wedi datblygu yn ystod y ganrif a aeth heibio? A sut mae deall cerddi'r beirdd yng nghyd-destun y dulliau eraill o gofio am Hedd Wyn?

Ifor ap Glyn
Mai 2017

Trawsfynydd, "Ysgwrn" Poets House

FRITH
TSFD-22

RHAGYMADRODD

Mae ymweld â chartrefi mawrion ein hanes a'n llên yn arfer a oedd wedi'i hen sefydlu yng Nghymru cyn marw Hedd Wyn. Roedd O. M. Edwards wedi gosod cynsail i'r 'dwristiaeth ddiwylliannol' yma gyda'i gyfrolau *Cartrefi Cymru* (1896), *Tro i'r Gogledd* (1907) a *Tro i'r De* (1907) Gellid dadlau fod hwn yn arfer sydd â'i wreiddiau yn ôl ym mhererindodau'r Oesoedd Canol – gyda chreiriau 'daearol' wedi disodli'r creiriau 'ysbrydol' fel nod y daith, ond yr un reddf oedd yn gyrru'r Cymry i bererindota.

Y syndod, efallai, yw deall fod pobl wedi dechrau ymweld â'r Ysgwrn yn y modd yma, mor gynnar â mis Medi 1917. Ar dudalennau'r *Herald Cymraeg*, mae un o'u gohebyddion yn disgrifio'i ymweliad â chartref Hedd Wyn. Dyma ymweliad, mae'n debyg, a fyddai wedi ysgogi eraill i wneud yr un fath, ac mae'n werth dyfynnu'r erthygl yn ei chrynswth:

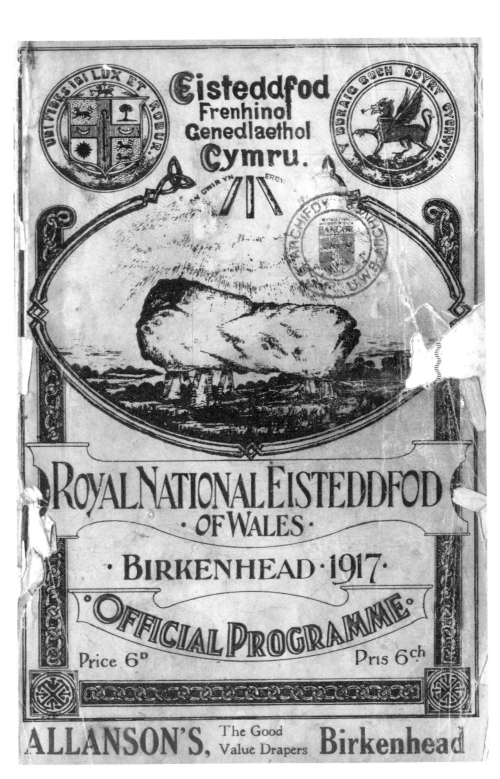

EIN HYMWELIAD A'R "YSGWRN"
Gan OHEBYDD

Hwyrach nas gŵyr pawb enw ar ba beth ydyw'r Ysgwrn. Dyma enw cartef Hedd Wyn, y bardd a ennillodd y gadair yn yr Eisteddfod Genedlaethol. Gŵyr pawb fod y bardd yn ei fedd, ac nad oedd neb ond ei "awen weddw" i'w gynrychioli yn yr Eisteddfod brudd honno. Amaethdy ydyw'r Ysgwrn, wedi ei wthio megys i gesail un o fryniau a amgylchynant bentref Trawsfynydd. Pan ar ymweliad byrr â'r pentref tawel ond dyddorol yr wythnos ddiweddaf meddiannwyd ni ag awydd angerddol am weled tad a mam a chartref y bardd ieuanc talentog, Hedd Wyn.

Dywedasom wrth gyfaill inni weled llun y bardd cadeiriol yn y Daily Sketch." "Naddo, wir," meddai yntau. "Nid darlun o Hedd Wyn oedd," ychwanegai. "Os am ddarlun ohono ar ddiwrnod pwyso gwlân y cewch. Dacw fe ar yr heol mewn llodrau corduroy a gwasgod lewys wedi ei botymu rhywsut rhywfodd am dano a phwt o getyn clai yn ei enau, a rhyw fath o het am ei ben. Dyna Hedd Wyn i chwi," meddai. "Diolch yn fawr i chwi am y darlun," meddem ninnau, "ond tybed," meddem drachefn, "y caem olwg ar ei dad a'i fam a'r cadeiriau yn eu cartref?" "Gyda chroesaw," meddai'm cyfaill, "ni fu dau mor radlon erioed yn y byd."

CANRIF YN COFIO

Dyma ni yn cyfeirio'n camrau dros bont Dol-wen ac yn troi yn sydyn ar y chwith yn ôl y cyfarwyddyd a gawsom. Toc, daethom at lidiart cyffredin oedd yn arwain i dir yr Ysgwrn. Meddianwyd ni gan ryw ddifrifoldeb dwys wrth ymaflyd yn y llidiart. Tybed fod ein llaw ddi-awen yn ymaflyd yn yr un man ag y bu ei law awenyddol ef? "O na syrthiai deuparth o'i ysbryd arnom," meddem wrthym ein hunain. "O, awen sydd weddw ac unig, cymeraf di er gwell ac er gwaeth," meddem drachefn, ond nid oedd lais na neb yn ateb. Mentrasom agor ac i fyny a ni i gyfeiriad tŷ.

Ni wyddem i sicrwydd mai hwn oedd y tŷ. Ond dyma ni wrth y tŷ ac na wyddem beth i wneyd nac i'w ddweyd. Aethom heibio'r drws i'r buarth. Ond ni ddeuai ymwared o unman. Tybed wedi'r cwbl y bydd raid troi'n ôl am y llety heb gael cipdrem ar y teulu na'r cadeiriau? Aethom heibio'r drws drachefn, ac wrth fynd gwelem ddyn canol oed yn croesi o'r parlwr i'r gegin. "Dyma'n cyfle," meddem wrthym ein hunain ac i fyny â ni, gan roddi cnoc ysgafn ar y drws. Parod oeddym y funyd honno i redeg i ffwrdd. Ond pan ar roi y dymuniad mewn gweithrediad dyma'r amaethwr a welsom yn croesi'r fynedfa yn dod at y drws. "Beth ydyw enw'r ffermdy hwn, os gwelwch yn dda?" meddem. "Ysgwrn," meddai yntau. "Dewch i mewn," meddai drachefn, mewn llais oedd yn llawn croesaw.

CANRIF YN COFIO

Ac i mewn â ni i'r gegin. Yno yr oedd y fam yn ei galar. Yno yr oedd nifer o gadeiriau cerfiedig, a phob un ohonynt yn wag. Wedi ysgwyd llaw â'r tad a'r fam a chael ein gwynt atom megys, cawsom hamdden i edrych ychydig o gwmpas. Yr oedd y gegin yn debyg i gegin ffermdai eraill, ond bod y rhai hyny heb y cadeiriau cerfiedig hyn. Beth gyfrifa am y gwahaniaeth? Dim, ond athrylith.

Holasom ychydig yn wylaidd ar y tad a'r fam. Yr oedd Hedd Wyn yn un o naw o blant, ac efe yn wir oedd yr hynaf o honynt. Buasai'n 31 mlwydd oed pe wedi cael byw i weled Ionawr nesaf. Cyfansoddai y nos a breuddwydiai y dydd. Dyn ieuanc yn caru'r encilion oedd Hedd Wyn. Yr oedd wedi dechreu cyfansoddi pan yn unarddeg oed. Dyna oedd ei fyd – ni fyddai yn hapus ond yng nghwmni ei awen. "Yr oeddynt yn dweyd," meddai ei fam, "mai bugail oedd Ellis, ond nid bugail mohono. Ddechreu'r haf pan gartref, sylwais fod defaid yn bwyta'r egin ŷd, a gwelwn Hedd Wyn yn cychwyn i'r Traws, a chredem y byddai iddo ymlid y defaid o'r ŷd. Dacw ef yn yr un cae â hwy, ond ni welodd yr un ohonynt. Wedi'r cwbl, beth oedd defaid iddo ef? Ie, ie, y gwir yw nid byd y defaid oedd byd Hedd Wyn. Cai wneyd fel y mynai yn yr Ysgwrn, ond parod oedd pob amser i gynorthwyo ei dad pan yn brysur gyda gwaith y fferm. Yn yr hwyr, cydrhwng hanner awr wedi deg y nos a thri y boreu y byddai yn gwau ei gyfansoddiadau. Trannoeth cai godi pan y mynai."

Chwareu teg i'r teulu, onide? am ddeall cymaint â hyn ar eu mab athrylithgar.

Meddai yn sydyn rhyw ddydd, "Mam, ddeuwch chwi gyda mi i Birkenhead?" Druan o honi, ni fu hi yno, ac ni fu yntau ychwaith. Ymunodd â'r fyddin, o orfod hefyd, oblegid nid oedd rhyfel yn ysbryd Hedd Wyn, yn mis Chwefror. Cyn mynd yr oedd wedi dechreu rhoddi ei awdl ar yr "Arwr" ar y gweill. Tra yn Litherland, ni chafodd gwmni ei awen o gwbl. Pan ddaeth yn ôl i gynorthwyo gyda llafurio, ail-ymaflodd yn y cyfansoddiad. Gartref yr oedd yr awen ac yntau yn eu helfen.

"Beth pe gadewsid ef i ffarmio wrtho ei hun" meddem wrth ei fam. "Buasai wedi newynu," meddai hithau. "Yn wir, bum yn dweyd wrtho, 'Beth pe buaset yn priodi, machgen i, buasai dy wraig yn newynu genyt,' ond o ran hyny," meddai wedyn "nid oedd

Ellis yn meddwl am hyny. Ei awen oedd ei gymhar bywyd ef."

"Gwir felly," meddem ninau "sylw Syr O. M. Edwards, fod athrylith a thlodi yn hen gyfeillion." "Buasai yn wir bob gair am Ellis beth bynag," meddai'r fam. "Clywsom yn y pentref," meddem, gan droi at y tad, "fod gwaith Hedd Wyn i weled goleu dydd mewn llyfr?" "Mae yna bwyllgor cryf wedi ei benodi i'r pwrpas hwnw," meddai yntau. "Go ddi-fater oedd Ellis. Pan oedd gartref ddiweddaf gwelais ddwy ddalen ar y bwrdd yma wedi dod yn rhydd o'i gynyrchion, ac meddwn wrtho, 'Rhaid i ti fod yn fwy gofalus, machgen i, fe fydd rhywun yn chwilio am y dail hyn ar ôl i ti fyn'd." "Dim perygl wir, nhad," meddai y llanc awenyddgar, y mwyaf diymhongar yn y byd.

Cefn, o'r chwith i'r dde: Hedd Wyn, Cati, Magi, Dafydd, Mary; rhes flaen, o'r chwith i'r dde: Mary Evans, gydag Enid ar ei glin, Ifan (Evan), Ann, Bob ac Evan Evans

"Y mae yma wyth o blant yn aros," meddem, "a oes rhai ohonynt hwy'n feirdd?"

"Dim un," meddai'r fam. Yr oedd barddoniaeth y teulu fel pe wedi ymgrynhoi ynddo ef.

Yn mha Ie y mae Hedd Wyn? Yn mha le y mae'r awen? A ydynt eto yng nghwmni eu gilydd? Neu a ydyw'r awen wedi aros ar ôl i roddi etifeddiaeth maes o law i blant un o blant yr Ysgwrn? Yma, o bosibl, ceir priodas pan fyddo'r "dwrn dur" wedi peidio a bod. Boed felly, ydyw dymuniad cenedl gyfan. Nodded y nef fyddo dros ei dad, ei fam, ei frodyr, a'i chwiorydd. A chofiwch oll fod Hedd Wyn yn fyw, yn fyw.

(*Yr Herald Cymraeg* 25.9.1917)

Yn yr erthygl hon, wythnosau'n unig ar ôl marw Hedd Wyn, gwelwn dystiolaeth fod elfennau o'r cof am Hedd Wyn yn dechrau troi'n 'fyth' yn barod.

"Cyfansoddai y nos a breuddwydiai y dydd." Mae'n cael ei gyflwyno fel Rhamantydd o fardd, ac amaethwr digon di-sut. Efallai'n wir ei fod yn obsesiynol ynglŷn â'i grefft i'r graddau na sylwai ar y defaid o'i gwmpas weithiau, ond prin ei fod yn amddifad o sgiliau ffermwr chwaith. Cofiai un o'i gyfoedion, William Williams, Brynllefrith amdano fel gweithiwr diwyd:

> "byddai'n dod yma i gneifio, ynte, ac yn gneifiwr distaw bob amser . . . fyddai'm yn siarad tra odd o'n cneifio . . . oedd o'n neilltuol o dda . . . hefo'i bladur . . . ew! . . . doedd na'm neb tebyg iddo."

"Cyfansoddai yn y nos", debygwn i, am ei fod yn brysur gyda gwaith fferm yn ystod y dydd. Ond ymddengys fod ei rieni yn anghyffredin o gefnogol iddo fel bardd – gan adael iddo aros yn ei wely ar ôl bod yn barddoni drwy'r nos. (Ar ôl i chwaer Hedd Wyn farw yn y 1930au, cafodd ei meibion hi, Ellis a Gerald

Ellis a Gerald Williams

Williams, eu magu gan eu nain yn yr Ysgwrn. Yn ôl Gerald, roedd Mary Evans yr un mor anghonfensiynol wrth eu magu hwythau ag y bu wrth fagu Hedd Wyn. 'Byddai'n gofyn i ni, "Does na'm ysgol heddiw hogia?" a bydden ni'n dweud, "Na, mae'n bwrw glaw tydi, Nain?" A dyna fo wedyn!')

Arwahanrwydd Hedd Wyn sy'n cael ei bwysleisio gan ohebydd yr *Herald* yn ei erthygl: "Dyn ieuanc yn caru'r encilion oedd Hedd Wyn." Roedd natur swil yn Hedd Wyn, bid siŵr, ond

Mary, chwaer Hedd Wyn

hoffai gymdeithasu hefo'i gyfoedion hefyd; roedd yn cymryd rhan mewn cystadlaethau siarad cyhoeddus weithiau ac roedd galw amdano fel arweinydd cyngherddau ac eisteddfodau – ond dyw hynny ddim yn ffitio cystal hefo delwedd Ramantaidd y gohebydd ohono fel bardd.

Wrth osod llaw ar giât y fferm, mae'r gohebydd yn gofyn iddo'i hun, "Tybed fod ein llaw ddi-awen yn ymaflyd yn yr un man ag y bu ei law awenyddol ef?" Mae fel petai'n disgwyl i'w ymweliad â'r Ysgwrn ei eneinio mewn rhyw fodd: "O na syrthiai deuparth o'i ysbryd arnom," meddem wrthym ein hunain." Wrth siarad fel hyn am ei brofiad gwelwn fod ei 'ymweliad' yn dechrau troi'n 'bererindod', ac mae 'myth' yn dechrau troi'n 'gwlt'. A mynna'r gohebydd yn deimladol ddigon ar y diwedd, "a chofiwch oll, fod Hedd Wyn yn fyw, yn fyw."

Felly – be sydd wedi cadw Hedd Wyn 'yn fyw' i ni ar hyd y ganrif a aeth heibio? Paham fod ein diddordeb yn parhau hyd heddiw, ac yn cynyddu hyd yn oed?

Mae sawl cliw yn yr erthygl a ddyfynnwyd uchod (a sawl rhybudd i ni hefyd ynglŷn â'r modd y gellir ystumio'r cof, drwy ffocysu ar yr hyn sy'n ein diddori ac anwybyddu'r gweddill, dyna sut mae 'hanes' yn troi'n 'fyth').

Gadewch i ni edrych yn agosach felly ar 'stori' Hedd Wyn – ac fel yr awgrymwyd eisoes, mae 'na elfennau digon rhyfeddol iddi. Dechrau barddoni'n ifanc iawn. Llwyddo yn erbyn beirdd y pulpud a'r colegau, er nad oedd wedi derbyn fawr ddim addysg ffurfiol ei hun. Mynd i'r fyddin yn groes i'w ddaliadau, ond yn y gobaith y câi ei frawd iau aros adref i helpu ar y fferm. Methu ysgrifennu yn y gwersyll milwrol – ond yn ddigon ffodus i allu dychwelyd adref i helpu gyda'r gwaith aredig. Postio'i awdl i'r eisteddfod cyn mynd i'r llinell flaen. Cyflawni'i uchelgais fwyaf fel bardd, gan ennill y Gadair Genedlaethol, ond marw ar faes y gad cyn iddo allu hawlio'i wobr. Mae'n goblyn o 'stori dda' – a pha ryfedd i'r stori honno gael ei droi'n ffilm lwyddiannus a enwebwyd am Oscar?

Mae'n wir fod Hedd Wyn, fel llawer un yn y cyfnod hwnnw, wedi gadael yr ysgol yn 14 oed, a chyfeiriwyd ato droeon, cyn, ac ar ôl ei farw, gyda geiriau tebyg i hyn: '[b]ardd ieuanc addawol, er heb gael nemor o fanteision addysg' (Y Brython). Serch hynny, efallai na ddylid gorbwysleisio'i 'ddiffyg addysg'. Yn ogystal â chymdeithasu gyda'i gyfoedion, byddai hefyd yn mwynhau cwmni mwy 'addysgedig' gweinidogion a beirdd hŷn y cylch. Byddai'n pysgota gyda Silyn er enghraifft, a hwnnw, fe ymddengys, a gyflwynodd syniadaeth sosialaidd iddo. Roedd yn mwynhau darllen gwaith Shelley, ac yn cymryd pob cyfle i ddiwyllio ei hun. Os na chafodd lawer o addysg ffurfiol, roedd yn ddyn ifanc digon diwylliedig.

Ond roedd ei lwyddiant yn awgrymu fod 'na rywbeth digon democrataidd yn y traddodiad barddol o hyd, fod modd i hogyn gwerinol gyrraedd y brig. Ac ym mlynyddoedd olaf yr hegemoni Rhyddfrydol yng Nghymru, gyda 'bachgen a aned mewn bwthyn' newydd ddod yn Brifweinidog, roedd hynny'n syniad digon apelgar.

Natur ei farwolaeth wnaeth glensio ei apêl. Roedd wedi marw dros ei wlad; y drasiedi a esgorodd o hynny oedd iddo fethu â chael ei gydnabod yn deilwng am ei gamp fawr olaf yn yr Eisteddfod Genedlaethol. Felly y byddai'r rhan fwyaf wedi'i gweld hi ar y pryd. Ond yn raddol, daethpwyd i weld ei farwolaeth fel symbol o wastraff rhyfel yn gyffredinol. Roedd Hedd Wyn yn sefyll dros yr holl fechgyn talentog a dorrwyd i lawr cyn pryd. Ac roedd ei gadair wag yn yr Ysgwrn yn cynrychioli pob aelwyd oedd â chadair wag, a hiraeth am rywun oedd heb ddychwelyd o'r ffosydd.

Ac i'r cenedlaethau a ddilynodd sydd wedi ceisio amgyffred colli dynion ar raddfa mor annirnadwy o fawr, mae Hedd Wyn yn personoli'r trasiedi. Mae'n amhosib deall colli miloedd mewn diwrnod – ond mae modd deall trasiedi un dyn. Yn yr un modd ag y mae profiad unigolyn fel Ann Frank yn helpu ni i amgyffred yr Holocost, mae Hedd Wyn yn gymorth i ni geisio ymdeimlo â gwastraff a thrasiedi rhyfel.

Yn ôl ein traddodiad hynaf, y bardd oedd yr un oedd i fod i ddod yn ôl o'r rhyfel i adrodd yr hanes. Ydi'r ffaith fod Hedd Wyn heb ddod yn ôl o'i Gatraeth personol yn dwysáu'r golled rywsut? Nid y fo, wrth gwrs oedd yr unig fardd o Gymro a gollwyd; gellid enwi David Ellis, Edward Thomas a Wilfred Owen ymhlith eraill. Ond y fo yw'r unig un a gafodd ei amddifadu o'i awr fawr gerbron ei gyd-Gymry.

Ond mae un peth arall i'w ystyried wrth geisio cloriannu pam fod y cof am Hedd Wyn mor fyw, ganrif ar ôl ei farwolaeth, a'r Ysgwrn ei hun yw hwnnw. Mae'r tŷ wedi cynnig ffocws parhaol i'r stori. Mae'r croeso a gafodd gohebydd yr *Herald* ym mis Medi 1917 wedi parhau drwy sawl cenhedlaeth. Mae traddodiad anrhydeddus iawn yn yr Ysgwrn o 'gadw'r drws yn 'gorad'.

Erbyn hyn, rhan fawr o'r apêl wrth ymweld â'r Ysgwrn yw'r ffaith nad yw'r tŷ wedi newid llawer ers amser Hedd Wyn. Yn ôl asesiad un arbenigwr, gellir dyddio 95% o greiriau'r tŷ yn ôl i ddechrau'r ugeinfed ganrif. Efallai fod y ffaith na phriododd Ellis na Gerald yn arwyddocaol yn hyn o beth! Nid oes merch wedi byw yn yr Ysgwrn ers marw mam Hedd Wyn – tybed a fyddai'r tŷ wedi parhau'n ddi-drydan, yn ddi-gwcar ac yn ddi-fformeica fel arall? Diolch wna ymwelwyr heddiw, fodd bynnag, am i'r ddau frawd gadw pethau fel yr oeddynt. Chwedl Gerald, 'Nid dod yma i weld lle modern maen nhw, nage? Maen nhw'n gweld hynny bob dydd, wedyn dwi'n trio cadw hwn 'fath ag oedd o, ynde.' Ac fel nododd Dafydd Emrys o Langernyw, mewn cwpled a adawodd yn llyfr ymwelwyr yr Ysgwrn:

Nid oes yma gydsymud
Â'r oes, felly ceidw yr hud.

Bob wrth fedd Hedd Wyn, 1934

Ond nid yr Ysgwrn a Thrawsfynydd yw'r unig ardal lle cofir Hedd Wyn. Yn 1967 codwyd carreg ar safle'r Eisteddfod ym Mhenbedw i gofio camp Hedd Wyn yno hanner canrif ynghynt. Ac wrth gwrs, mae ei fedd ym mynwent filwrol Artillery Wood, ger Boezinge, wedi denu ymwelwyr ar hyd y blynyddoedd.

Roedd ei gyfaill Silyn yn un o'r rhai cyntaf yno yn 1923 ac ef a drefnodd i roi'r geiriau Cymraeg 'Y Prifardd Hedd Wyn' ar ei garreg fedd, yn ogystal â'i enw a'r manylion milwrol. Yn 1934, ymwelodd ei frawd Bob â'r bedd, fel rhan o barti oedd ar daith o gwmpas mynwentydd Ieper. Cynhaliwyd oedfa ger y bedd gyda Cynan yn rhoi anerchiad. Ac mae llyfr ymwelwyr y fynwent yn tystio fod yna Gymry yn dal i ddod yma'n gyson. Ym mis Tachwedd 2014, daeth tîm pêl-droed Cymru i fynwent Artillery Wood. Yn ôl 'Wales Online', roedd Gareth Bale wedi gofyn am gael gweld bedd Hedd Wyn am iddo glywed hanes y bardd gan ei fam.

Mae Belgiaid fel Lieven Dehandschutter wedi gwneud llawer i hybu'r cof am Hedd Wyn draw yn Fflandrys. Bu Lieven yn allweddol wrth godi coflech i Hedd Wyn ar ochr yr adeilad lle credir iddo gael ei ymgeleddu ar gael ei anafu ar 31.7.1917. Dadorchuddiwyd y goflech union dri chwarter canrif yn ddiweddarach yn 1992,

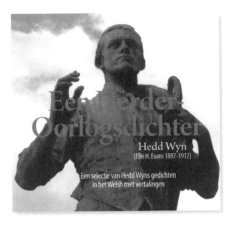

Hedd Wyn
(Ellis H. Evans 1887-1917)

Een selectie van Hedd Wyns gedichten in het Welsh met vertalingen

a'r un flwyddyn, cyhoeddodd Lieven lyfryn tairieithog yn rhoi hanes Hedd Wyn yn Fflemeg am y tro cyntaf, *Hedd Wyn – een Welshe tragiedie in Vlaanderen* (Trasiedi Gymreig yn Fflandrys). Gan fod Lieven wedi dod yn rhugl yn y Gymraeg, mae hefyd wedi cyfieithu detholiad o gerddi Hedd Wyn *Een Herder-Oorlogsdichter* (Bugeilfardd Rhyfel) Mae gwaith Hedd Wyn hefyd wedi'i gyfieithu i'r Ffrangeg a'r Saesneg.

A dyma gymwynas hynod o bwysig; sicrhau fod gwaith y bardd yn dal i gyrraedd cynulleidfa newydd heddiw. Gan mlynedd yn ôl, pan sefydlwyd pwyllgor coffa Hedd Wyn, er iddyn nhw lwyddo i ariannu cerflun er cof amdano ynghanol Trawsfynydd, ynghyd ag ysgoloriaeth goffa, eu gwaith pwysicaf oedd casglu a chyhoeddi ei farddoniaeth yn y gyfrol *Cerddi'r Bugail* (1918).

Fel nododd tad Hedd Wyn wrth ohebydd yr *Herald*, roedd ei fab yn reit ddiofal hefo'i bapurau weithiau! Hanner can mlynedd yn ddiweddarach, mewn cyfweliad teledu, adroddodd ei gyfaill John Morris stori debyg am Hedd Wyn:

"Mae gen i gof byw iawn am ryw noson o'n i'n ista yma wrth y tân yn fan hyn efo fo, a dyma fo'n tynnu darn o bapur o bocad ei wasgod, ac yn i estyn o at y tân, ac yn 'i ola fo, ag yn tanio'i getyn, a dyma fi'n sylwi bod na englyn ar y papur a dyma fi'n neidio iddo fo, ag yn diffodd y fflam, ac yn darllan o. A dyma be oedd yr englyn hwnnw:

'Cerddais fin per aberoedd – yn nhwrf swil
Nerfus wynt y ffriddoedd;
A braich wen yr heulwen oedd
Am hen wddw'r mynyddoedd.' "

A dyna drasiedi fyddai colli'r englyn hyfryd hwnnw! Ond fe'i
diogelwyd gyda'r rhan fwyaf o'i waith yn *Cerddi'r Bugail*, a diolch
am hynny. Wedi'r cyfan, onid bardd oedd Hedd Wyn yn anad
dim, ac onid drwy ei waith y dylid ei gofio?

Weithiau, am fod ei 'stori' mor ddirdynnol, mae peryg i hynny
ddod rhyngom a'i farddoniaeth. Yn hynny o beth, mae Hedd Wyn
yn debyg i'r bardd arall o Gymro, Dylan Thomas. Er mor wahanol
fu gwaith a gyrfa'r ddau, mae ganddynt hyn yn gyffredin: mae
eu hanes mor gyfarwydd i ni nes bod peryg i hynny fwrw eu
cerddi i'r cysgodion.

Pa mor dda oedd gwaith Hedd Wyn? Er iddo ddod i amlygrwydd
mewn oes pan oedd sawl bardd ifanc arall yn cyrraedd y brig yn
yr Eisteddfod Genedlaethol, cyflawnodd lawer cyn cyrraedd ei
ddeg ar hugain, yn enwedig o gofio na chafodd 'fanteision addysg'.
Nid ar chwarae bach y mae cipio Cadair Genedlaethol. Pa bethau
eraill fyddai wedi eu cyflawni petai wedi cael byw? (Ystyriwch mor
wahanol fyddai ein barn am ei gyfoedion, R. Williams Parry a
T. H. Parry-Williams, petaen nhwythau hefyd wedi marw yn y
Rhyfel Mawr. Dim *Cerddi'r Gaeaf*, dim 'Hon', dim o'r sonedau enwog
ac yn y blaen.) Mae'n debyg y byddai Hedd Wyn yntau wedi cefnu
ar y canu Rhamantaidd fel y gwnaeth ei gyfoedion petai wedi
cael dychwelyd o'r ffosydd. Efallai y bydden ni wedi cael mwy o'r
canu telynegol miniog a geir yn ei gerdd 'Rhyfel'. Dyna'n sicr un
o'i gerddi mwyaf modernaidd, ac un o'r rhai mwyaf poblogaidd.

Ydi ei waith mor boblogaidd ag y bu? Awgrymodd yr Athro John
Rowlands y gellid defnyddio blodeugerddi fel ffon fesur hwylus
o'r farn am Hedd Wyn ar hyd y ganrif. Casglwyd y cerddi ar gyfer y
flodeugerdd *Telyn y Dydd* yn 1918, felly nid yw'n syndod gweld pum
cerdd gan Hedd Wyn yn y gyfrol. Erbyn 1926, pan gyhoeddwyd
Rhwng Doe a Heddiw, dewiswyd tair cerdd gan Hedd Wyn ar ei
chyfer. Doedd yr un gerdd ganddo yn *Y Flodeugerdd Gymreig* (1931)
ond roedd ei golygydd W.J. Gruffydd yn un o'r rhai cyntaf i

awgrymu'n gyhoeddus tybed a oedd trasiedi marwolaeth Hedd Wyn yn ein rhwystro rhag medru gwerthfawrogi'i waith yn deg?

Pan ddown ni i'r 1960au a'r *Oxford Book of Welsh Verse*, mae stoc Hedd Wyn yn codi unwaith eto ac mae ganddo ddwy gerdd yn y gyfrol honno. Yn 1987, cyhoeddwyd *Blodeugerdd Barddoniaeth yr Ugeinfed Ganrif* ac mae'n cynnwys pedair cerdd o'i eiddo. Wrth groesi trothwy'r ganrif hon, cawn fod un gerdd gan Hedd Wyn yn *Hoff Gerddi Cymru* (2000) ac yn *Mwy o Hoff Gerddi Cymru*, (2010), dwy yn *Cerddi Meirionnydd* (2006) a thair yn *Y Sêr yn eu Tynerwch* (2011). Mae ei boblogrwydd fel bardd i'w weld yn parhau.

Mae pobl wedi troi at ei waith ar hyd y ganrif ar gyfer dyfyniadau. Yn 1932 dadorchuddiwyd cofeb i'r Ffiwsilwyr Brenhinol Cymreig ym mynwent Dantzig Alley ar y Somme, a dewiswyd pennill o 'Plant Trawsfynydd 1915' i'w roi arni:

> Ni all pellterau eich gyrru yn ango'
> Blant y bryniau glân;
> Calon wrth galon sy'n aros eto,
> Er ar wahân.

Dyfyniad o'r gerdd 'Rhyfel' a roes deitl i flodeugerdd Alan Llwyd ac Elwyn Edwards o ganu'r Rhyfel Mawr, *Gwaedd y Bechgyn* (1989). Dyfynnwyd o waith Hedd Wyn yn y cynhyrchiad 'Honour' gan Craig Morrison, a lwyfanwyd ar Salford Quays yn 2014. A hanes Hedd Wyn oedd sail y ddrama gan Iwan Llwyd, 'Mae gynnon ni hawl ar y sêr' (2007) a'r nofel i blant *Diffodd y Sêr* (2013) gan Haf Llewelyn.

Cafwyd rhaglen yn trafod gwaith Hedd Wyn fel rhan o'r gyfres deledu 'Gwlad Beirdd' (2010) gan Mererid Hopwood a Tudur Dylan, ac mae ei hanes wedi bod yn destun sawl rhaglen ar y sgrîn fach dros y blynyddoedd. Cafwyd rhaglenni dogfen i gofio amdano adeg hanner canmlwyddiant ei farw yn 1967 a'r trigeinmlwyddiant wedyn yn 1977. Mae'r rhain yn arbennig o werthfawr erbyn hyn, oherwydd iddynt roi ar gof a chadw gyfweliadau gyda rhai o'i gyfoedion, sy'n cynnwys manylion difyr a dirdynnol nas ceir yn yr atgofion ysgrifenedig.

Er enghraifft, recordiwyd cyfweliad gyda William Williams, Brynllefrith, a gyfeiriodd at arfer Hedd Wyn o rwbio'i wefus ucha dan ei drwyn pan oedd yn methu meddwl beth i'w ddweud nesa, 'Dacw Ellis yn chwara hefo'i fwstash', fyddai pobol yn 'ddweud, 'ac ynta heb yr un!'

Cafwyd sawl cyfweliad gyda'i chwaer, Enid, cyn iddi farw yn y 1990au, a rhannodd hithau sawl atgof tyner am ei brawd.

> Dwi'n ei gofio fo wedi bod adra am 'i 'leave' ola', (. . .) ag odd o'n cychwyn y bora hwnnw, ag . . . oddan ni'm isio gneud rhyw sysmant fowr a gwdbei fowr ag ati – oddan ni'n fodlon jysd "gadal nhw fynd a dyna fo" de. Ag odd o'n sefyll yn fanno, ag yn gweiddi, ag odd na rhyw ddistawrwydd mawr lawr grisia. Neb yn golwg. Neb isho dwad ato fo i ddeud gwdbei. Ag odd o'n gweiddi 'de, "Dwi'n mynd rŵan!". Ag o'n i'n gweld trwy ganllaw'r staer. O'n i'n weld o'n sefyll yn yr entry; dim ond gweld o'i goesa fo i lawr felna. Ond odd o'n mynd, yn gefnog, ac yn dangos dim i ni bod o'n brudd ynde. Ond mi odd mam wrth reswm yn poeni'n arw . . . a nhad ynde."

Mae'r rhaglenni hyn i gyd wedi helpu i gadw'r cof am Hedd Wyn yn fyw, ac eleni eto bydd rhaglenni dogfen i nodi canmlwyddiant Hedd Wyn ac i gofnodi'r datblygiadau diweddar yn yr Ysgwrn. Ond wrth baratoi'r rhaglenni hynny, a'r gyfrol hon, mae'r awdur presennol wedi rhyfeddu dro ar ôl tro at waith aruthrol un a fu'n llafurio'n y maes o'i flaen, sef Alan Llwyd. Mae ei ffilm 'Hedd Wyn' wedi cyflwyno hanes y bardd o'r Ysgwrn i gynulleidfaoedd newydd ar draws y byd, a'i astudiaeth fanwl o fywyd a gwaith Hedd Wyn, *Gwae fi fy myw* yw'r cofiant safonol o hyd, er bod chwarter canrif wedi mynd heibio ers ei gyhoeddi gyntaf. Mae ein dyled iddo yn fawr.

Yng nghanol yr holl sylw cyffredinol i ganmlwyddiant y Rhyfel Mawr mae yna ymddiddori o'r newydd yn hanes Hedd Wyn, fel rhywbeth sy'n cynnig gwedd benodol Gymreig ar y cofio. Ond fel y gwelsom, mae'r cof am Hedd Wyn wedi aros yn fyw ar hyd y ganrif. Trown yn awr i weld sut mae'r beirdd wedi cyfrannu at hynny dros y degawdau . . . cyn gweld beth sydd gan feirdd heddiw i'w ychwanegu wedyn . . .

CERDDI COFFA
1917-2016

*Nid casgliad cynhwysfawr mo'r hyn a
ganlyn; dim ond detholiad i roi syniad
o sut mae'r cof am Hedd Wyn wedi
datblygu dros y ganrif a aeth heibio.*

Seremoni'r cadeirio yn Eisteddfod Genedlaethol 1917 oedd un o'r rhai mwya teimladwy a welwyd ar lwyfan y Brifwyl erioed. Cafwyd cerddi cyfarch i'r gadair wag gan Elfed, Silyn, Dewi Emrys, Madryn, Penar, Crwys, Cadvan a Bryfdir. Ond penillion coffa yr Archdderwydd ei hun, Dyfed, a gydiodd orau efallai, yn nychymyg y genedl.

I gylch yr Eisteddfod o gynnwrf y byd,
I gwrdd â'r awenydd daeth cenedl ynghŷd;
Fe ganwyd yr utgyrn a threfnwyd y cledd,
Ond gwag ydyw'r Gadair a'r Bardd yn ei fedd.

Anfonodd ei 'Arwr' i brifwyl ei wlad,
A syrthiodd yn arwr ei hun yn y gad;
Oferedd yn awr yw bloeddiadau o hedd,
Mae'r awen yn weddw a'r Bardd yn ei fedd.

Hedd Wyn oedd ei enw a gwynnu y bu,
'Does dim ar ei ôl ond ei Gadair yn ddu:
Diwenwyn ei galon, digwmwl ei wedd,
Ond byw yw ei gân os yw'r Bardd yn ei fedd.

Bugeiliodd ei ddefaid heb rodres na ffug,
Yn feudwy'r encilion yng nghanol y grug;
Fe groesodd y culfor a'i law ar ei gledd,
Mae'r praidd ar y mynydd a'r Bardd yn ei fedd.

O brudded y newydd! O lymed y saeth
I'w geraint, o fwa'r dialydd a ddaeth!
Y delyn a ddrylliwyd ar ganol y wledd,
Mae'r ŵyl yn ei dagrau a'r Bardd yn ei fedd.

Dyfed (Evan Rees, 1850–1923)

Y Dydd Sul ar ôl seremoni'r Gadair Ddu ym Mhenbedw, yn ystod gwasanaeth ar gyfer y milwyr yng ngwersyll Mornhill ar gyrion Caerwynt, yr aeth Robert Williams Parry ati i lunio ei englynion coffa enwog.

Englynion Coffa Hedd Wyn

Y bardd trwm dan bridd tramor, – y dwylo
    Na ddidolir rhagor:
    Y llygaid dwys dan ddwys ddôr,
    Y llygaid na all agor.

Wedi ei fyw y mae dy fywyd, – dy rawd
    Wedi ei rhedeg hefyd:
    Daeth awr i fynd i'th weryd,
    A daeth i ben deithio byd.

Tyner yw'r lleuad heno – tros fawnog
    Trawsfynydd yn dringo:
    Tithau'n drist a than dy ro
    Ger y ffos ddu'n gorffwyso.

Trawsfynydd tros ei feini – trafaeliaist
    Ar foelydd Eryri:
    Troedio wnest ei rhedyn hi,
    Hunaist ymhell ohoni.

. . .

Ha frodyr! Dan hyfrydwch llawer lloer
    Y llanc nac anghofiwch;
    Canys mwy trist na thristwch
    Fu rhoddi llesg fardd i'r llwch.

Garw a gwael fu gyrru o'i gell un addfwyn
Ac o noddfa'i lyfrgell:
Garw fu rhoi'i bridd i'r briddell
Mwyaf garw oedd marw ymhell.

Gadael gwaith a gadael gwŷdd, gadael ffridd
Gadael ffrwd a mynydd;
Gadael dôl a gadael dydd,
A gadael gwyrddion goedydd.

Gadair unig ei drig draw! Ei dwyfraich
Fel pe'n difrif wrandaw,
Heddiw estyn yn ddistaw
Mewn hedd hir am un ni ddaw.

R. Williams Parry (1884–1956)

*Roedd rhai cerddi yn fwy anffurfiol na'i gilydd. Anfonwyd y penillion
hyn o weddi at rieni Hedd Wyn ym mis Hydref 1917. Rolant Wyn
biau'r geiriau; roedd yn gefnder i Mary Evans, fam Hedd Wyn.*

O Dduw gwranda'n gweddi
Ar erchwyn y Glyn,
Ymhlith mamau Cymru
Cofia Fam Hedd Wyn.

Am blentyn athrylith
Ac eilun ei wlad;
Mae hiraeth di-ledrith,
O Dduw, cofia'i Dad.

Rolant Wyn
(Rowland Wyn Edwards, 1865–1946)

Cafwyd Cyfarfod Coffa i dderbyn y Gadair Ddu i Drawsfynydd
ym Medi 1917. Parhaodd am dair awr a chafwyd cerddi cyfarch a
cherddi coffa gan sawl bardd lleol, gan gynnwys Eifion Wyn, Glan
Edog, Bryfdir, J.D. Davies, Rolant Wyn, Glyn Myfyr, a Dewi Eden.
Dyma un enghraifft yn unig o waith Barlwydon:

> Hawdd cwyno wrth fedd cynnar – agorwyd
> i ddyn garwr hawddgar;
> ar ei ôl bydd hir alar, - a gofid
> o roi addewid mor fawr i'r ddaear

Barlwydon
(Robert John Davies, 1853–1930)

Yn ystod y Cyfarfod Coffa hwnnw, galwodd Gwilym Deudraeth
am godi cerflun parhaol i gofio am Hedd Wyn:

> Gwnawn dŵr i filwr o fardd – yn ei Lan
> Eleni heb wahardd;
> Pwy warafun i'n Prifardd
> Fu yn y rheng fynor hardd?

Gwilym Deudraeth
(William Thomas Edwards, 1863–1940)

Cynigiodd yr arlunydd J. Kelt Edwards wneud darlun o Hedd Wyn.
Gwnaed 'cof-gardiau' o'i baentiad, 'Hiraeth Cymru am Hedd Wyn', a
gwerthu'r rheini wedyn i helpu codi pres ar gyfer y cerflun arfaethedig.
Dyma englyn Eifion Wyn i ddarlun Kelt Edwards:

> Wedi'i weled, rhaid wylo – dirioned
> Yw'r wyneb sydd arno;
> Y fun wen uwch ei faen o,
> Â gwedd drist y gwŷd drosto.

Eifion Wyn (Eliseus Williams, 1867–1926)

Cerflun efydd, (nid 'mynor' chwedl Gwilym Deudraeth - hynny yw, marmor) oedd yr un a ddadorchuddiwyd yn 1923; ac fe ddarluniwyd Hedd Wyn, nid fel milwr, ond fel bugail. Pan ymwelodd Ceris A. Richards â Thrawsfynydd yn ystod yr Ail Ryfel Byd, roedd hi'n amlwg yn gwerthfawrogi'r ffaith mai felly y portreadwyd y bardd – ac yn teimlo i'r byw hefyd, fod gwerin Cymru yn cael ei haberthu unwaith eto.

Wrth Gofeb Hedd Wyn

Chwi benaethiaid, peidiwch â bostio
Ar orseddau simsan ffawd;
Eich cwerylon sydd yn costio
Einioes drud gwerinos dlawd.

Dyma golofn sy'n llefaru
Mewn mudandod yn ddi-daw
Am i'r bleiddiaid sydd yn caru
Cledd a magnel sefyll draw.

Os yw'r preiddiau eto'n pori
Ar yr hen lechweddau iach,
Ni ddaw'r prydydd i delori
Bob yn ail â'r hedydd bach.

Chwi benaethiaid, peidiwch â chwalu
Cysur gwerin ddi-ystâd;
Pam y rhaid i dlodion dalu
Am gwerylon mawrion gwlad?

Ceris A. Richards

Rhwng y rhyfeloedd bu Hedd Wyn yn destun sawl cystadleuaeth eisteddfodol. Cipiodd Glyn Myfyr gadair Eisteddfod y Cymrodyr yn Nhrawsfynydd yn 1921 hefo'i alargerdd i Hedd Wyn. Dyma'r penillion agoriadol:

Hedd Wyn
(detholiad)

Brefu wna'r praidd yn nghorlannau'r ffriddoedd,
Uda y gwynt ar yr henblas draw,
Chwyth yn ei utgorn ar ben y mynyddoedd
Am fab yr Awenau yr hola'n ddi-daw.
Y llanc wrandawai ar stori y corwynt,
Ddeallai fesurau y storm a'i rhu;
A chwiliai allan ddwys ing a helynt
Helygen wyrgam y ceunant du.

Rhoes yn ei farddoniaeth fflamliw y blodau
Chwardd yn fuddugol ar fedd yr iâ,
Nefoedd i'w enaid oedd gwrando odlau
Briallen Chwefror a Ffarwel Ha.
Gwyddai am fywyd tyddynwr helbulus,
Am ddyfnder anneall "Cyfrinach Duw",
Canodd i'w genedl y gân oedd felys,
Y gân a fyn gadw ei enw'n fyw.

Glyn Myfyr (Evan Williams)

Arafu wnaeth y canu amdano yn y 1940au a'r 1950au ond ar ôl marwolaeth Mary Evans ar Ionawr 2, 1950, lluniodd William Morris yr englyn hwn iddi hi a'i gŵr Evan Evans oedd wedi marw rai blynyddoedd o'i blaen ar Fai 20, 1942.

Medi'r ystorm drist o hyd – i'r ddau oedd
  Rhoi Hedd Wyn mewn gweryd;
 Rhyfedd eu cysur hefyd
 O eni bardd i boen byd.

       William Morris (1889–1979)

Roedd Mary nid yn unig wedi byw yn hirach na Hedd Wyn ond hefyd chwe phlentyn arall, os cyfrifir dau oedd yn farw anedig. Ryw ddeugain mlynedd yn ddiweddarach, colled y ddau riant oedd canolbwynt yr englyn grymus hwn gan Alan Llwyd:

Yr Ysgwrn

Mae artaith y nosweithiau – o hiraeth
  Yng ngherrig y muriau;
 Yn nwyster trwm y distiau
 Mae eco cyd-wylo dau.

      Alan Llwyd (1948–)

Yn y 1960au gyda hanner canmlwyddiant marw Hedd Wyn, cafwyd diddordeb o'r newydd. Ysgrifennodd J.L. o Fryste ddwy farwnad iddo yn 1967 a'u cyflwyno wedyn i deulu'r Ysgwrn. Dyma bigion o'r ddwy:

Marwnad Hedd Wyn
(detholiad)

Y dyffryn teg ddeffrôdd dy ddawn
I ganu'n bêr, yn gynnar iawn;
A cheinder iaith, a'th ddoniau gwir
Ddatblygodd mewn cynefin dir.
Dylifodd odlau trwy dy fyd
Fel chwa yn tonni'r caeau ŷd

J.L. (Bryste)

Marwnad Hedd Wyn
(detholiad)

Aeth heibio trychinebau'r nwy a'r tân
A dychwel lluoedd eiddgar tua thref,
I ail-fwynhau o freintiau Gwalia lân.
Ond ni chaiff Meirion mwy ei gwmni ef.

J.L. (Bryste)

*Wrth gyrraedd trothwy'r 1970au, mae naws mwy apocalyptaidd
i soned Dafydd Moelwyn Williams. Roedd atomfa Trawsfynydd
newydd ddechrau cynhyrchu trydan ym mis Hydref 1968, ac mae'r
bardd yn canu'n hiraethus am hen ffordd o fyw oedd yn prysur
ddiflannu, a'r bygythiad i'r ddynoliaeth yn yr oes newydd niwclear.*

Yr Ysgwrn

'Esgyn trwy'r ystorm' i'r Ysgwrn wedi'r hwyr
Heb olau 'lleuad borffor' uwch y cwm,
Diddanwch hen dyddynod wedi cilio'n llwyr
A'r mellt yn llercian uwch mawnogydd llwm;
Trist heno yw Trawsfynydd, Mecca'r gerdd
Gynefin hell ddrycinoedd lle bu'r gainc,
Ac yntau'r bardd yng nghroth y dalar werdd
Tros bell benrhynion lle bu'r brwydro'n Ffrainc.
Yng ngolau'r mellt mi wela'r Ysgwrn draw
A'i chadair ddu'n cofleidio'r cynfyd pell
A gwelaf olau'r Croeso a lle bu'r llaw
Yn llunio cyfrin awdlau'r stormydd hell:
A draw o'm hôl y front atomfa lem
A gwae i'r hen ddynoliaeth yn ei threm.

Dafydd Moelwyn Williams

Er bod cynifer o feirdd wedi ysgrifennu am Hedd Wyn yn ystod
y ganrif a aeth heibio, prinnach yw'r ymateb gan ein cerddorion.
Roedd John Volander Jones wedi cyhoeddi 'Hedd Wyn a'r Gadair
Wag' (i'w chanu ar dôn 'Hen Ffon fy Nain') yn 1919; ac yna ar
ddechrau'r 1970au, lluniodd Geraint Jarman y gân syml hon
ar gyfer Heather Jones; Meic Stevens gyfansoddodd yr alaw.

Cân y Bugail

Mae cwmwl ar Gadair Idris;
Mae cychod ar lyn y Bala;
Y gwynt sy'n chwythu dros y derw draw –
Mae'n chwythu mor ysmala.

    Ond dydi'r bugail ddim ar y bryniau mwy
    Fe aeth ymaith o Drawsfynydd,
    Wedi mynd mae bardd y Gadair Ddu
    I ymladd yn y ffosydd.

Yn Aberdyfi, mae'r môr yn las,
Y tonnau tal a'r traethau,
Ac yn y caeau y ffermwyr sydd
Yn gweithio trwy'r tymhorau.

    (Cytgan)

Yn Ffestiniog, chwarelwyr blin,
Y llechi llwyd a'r domen.
Ac yn Nhrawsfynydd ar lan y llyn
Mae'r atomfa fawr a'i thrydan.

    (Cytgan)

Geraint Jarman (1950–)

Ar ôl i'r bardd Monallt ymweld â'r Ysgwrn, gadawodd yr englyn hwn yn y llyfr ymwelwyr. Mae rhywbeth oesol am yr hen dŷ fferm, ac mae englyn Monallt fel petai'n cynnig esboniad am hyn.

Yr Ysgwrn

Man y distaw groesawu – yw'r Ysgwrn
    Lle bu rhwysg prydyddu,
    Ac oeda'r ddwys Gadair Ddu
    Am Hedd Wyn i'w meddiannu

Monallt (John Henry Roberts, 1900–91)

Gweld y gadair ddu, wnaeth symbylu'r englyn hwn gan Jâms Niclas, a gofnodwyd hefyd yn llyfr ymwelwyr yr Ysgwrn:

Mae du wawr drom y deri – yn gaddug
    Tragwyddol amdani
    A naddwyd yn ddwfn iddi
    Dristwch yn ei harddwch hi

Jâms Niclas (1928–2013)

Y gadair ddu aeth â bryd T. Llew Jones hefyd, mewn englyn a luniwyd ar gyfer Eisteddfod Cymdeithas Ceredigion yn 1989:

Cadair

'Mi ddaw i'w nôl,' medden nhw,- 'o fro'r cur
    Pan fo'r Corn yn galw,'
    Ond y bedd roes ei dabŵ
    Enbydus ar Benbedw!

T. Llew Jones (1915–2009)

Er nad yw Iwan Llwyd yn enwi Hedd Wyn yn ei gerdd y Bugail, mae teitl y gerdd a'r pennill olaf yn awgrymu'n gryf iawn mai Hedd Wyn yw'r 'bardd ifanc' a fradychir ar y diwedd. Yn ystod blynyddoedd cyntaf Thatcheriaeth ac ar ôl methiant Refferendwm 1979, mae'r gerdd hon yn cynnig ailasesiad heriol o drefn ddiwylliannol oedd yn methu.

Y bugail

Lluniwyd y Cymry cyn y Rhyfel Mawr
ar lun amaethwyr mawnog
a chyrddau'r gwlith:

seiliwyd eu rhyddiaith a'u rhethreg
ar bregethau barwniaid y pwlpud,
a sychwyd eu diwylliant
a'i halltu,
i'w cadw drwy'r gaeafau moel:

gwreiddwyd eu gwareiddiad
ym mhridd âr anghydffurfiaeth;
i bob enaid ei gŵys,
ac i bob aelwyd ei adnod,
a ffynnodd eu rhyddfrydiaeth
ar wrtaith coeth Fictoriana:

ac fel yn yr 'oes aur'
yr oedd bardd ar bob pentan,
a'u henwau a'u hawen
mor wag-gordeddog
â chylchoedd celteg eu gorseddau gau:
lluniwyd y Cymry cyn y Rhyfel Mawr,
a rhaid oedd i ddewrion eu diwylliant,
yn bregethwyr a beirdd,
gynnal achos y gynnau,
a dwyn y rhagrith yn rhan o'n hetifeddiaeth,
i'n cnoi yn awr ein cyni:

un ddelwedd sy'n aros,
bardd ifanc
na wyddai achos ei ddychryn,
a'i delyn ynghrog ar fidog,
a bwled yn ei gefn.

Iwan Llwyd (1957–2010)

Daeth bri newydd ar y cofio, pan ddaeth hi'n dri chwarter canrif ers colli Hedd Wyn yn 1992. Cafwyd sawl cyfrol werthfawr i sbarduno diddordeb newydd yn y maes: Gwaedd y Bechgyn *(gol. Alan Llwyd ac Elwyn Edwards),* Y Rhwyg *(1993) a* Tir Neb *(1996) gan Gerwyn Williams, a chofiant campus Alan Llwyd i Hedd Wyn,* Gwae fi fy Myw *(1991). Alan wrth gwrs, a ysgrifennodd y sgript ar gyfer ffilm* Hedd Wyn *(1992).*

Cyhoeddwyd yr englyn nesaf yng nghylchgrawn Barddas *yn rhifyn Gorffennaf/Awst 1991.*

Cadair Ddu Birkenhead

Caed hiraeth mewn coed deri; berw'r ffos
    Biau'r ffurf sydd iddi;
    Bwled fu'n ei chaboli,
    A chas yw ei breichiau hi.

Einion Evans (1926–2009)

*Ar ôl bod yn bresennol yn y seremoni i ddadorchuddio'r goflech
i Hedd Wyn ym mhentref Pilkem yn 1992, roedd Richard Jones
yn un o'r beirdd a ganodd ei ymateb i'r achlysur.*

Ger bedd Hedd Wyn

I beth y bu'r difetha? A phaham
Roes y ffos ddu yma
Ym Mhilcem lem ganol ha'
I'n hawen ei hawr ddua?

Richard Jones, Llanfechell

Cerdd ecffrastig yw hon gan Tudur Dylan, yn deillio o'r llun gaeafol o fedd Hedd Wyn ym mynwent Artillery Wood.

I deulu'r Ysgwrn

Gyda diolch am groesawu Ysgol Bro Myrddin 1994

Mor frau dros yr erwau hyn – yw'r heddwch
    Sydd ar heddiw'n disgyn,
  Er hynny, fesul gronyn,
  Roedd yno hedd... roedd yn wyn.

Tudur Dylan Jones (1965–)

Daw Gai Toms o Danygrisiau, nepell o Drawsfynydd. Ail gyflwynodd hanes Hedd Wyn i gynulleidfa y sîn roc Gymraeg gyda'r faled hon sy'n ceisio cyfleu y dyn tu ôl i'r enw barddol. Synhwyrwn fod delweddau o ffilm Hedd Wyn wedi dylanwadu ar ei gân, ac ers chwarter canrif mae'r ffilm honno wedi bod yn un o'r prif gyfryngau gyflwyno stori Hedd Wyn i'r to sy'n codi.

Ellis Humphrey Evans

Yn 1917 yn Nhrawsfynydd, sir Feirionydd
Roedd Ellis Humphrey Evans yn bugeilio ar y mynydd
Roedd o'n dipyn o fardd, yn caru merched hardd y fro
A sŵn hen afon Prysor ro'th yr awen iddo fo.

    Ond ar fore oer o Chwefror
    Daeth dyn o'r Orfodaeth at y ffarm,
    ac yn erbyn ei ewyllys,
    i achub 'rhen Bob bach
    I ryfel roedd rhaid mynd, bob un cam.

Felly ffwrdd â fo i Lerpwl i ymuno â'r fataliwn,
Hyfforddi fo i ymladd, yn lle ffon roedd ganddo wn
Ac roedd o allan o'i gynefin, allan o'i fro
Ond roedd cadw pen ar bapur yn rhoi rhyddid iddo fo.

    A chas oedd y swyddogion
    A'r sarjant yn gweiddi yn ei glust,
    Am farddoni'n iaith y nefoedd
    Er yr holl annhegwch
    ei awen oedd yn gryf a Duw yn dyst!

Felly, pennau fyny hogiau, dach chi'n barod ac yn iach
I hwylio i wlad arall ac i gwffio dros ein gwlad.
Mae'r gynnau yn eich dwylo ac mae'r gelyn ochr draw
Peidiwch â chynhyrfu, cewch chi fedal yn eich llaw.

Dydd olaf o Orffennaf ac mae'r hogiau yn y ffosydd
Yn gawl o emosiynau a hiraeth yn y pridd.
Mae'r frwydr ar fin cychwyn, brwydr fwya'r byd
'Be ddaw o hyn?' gofynnwyd. 'Rhy hwyr! Mae'n rhaid 'ni fynd.'

    A mewn â nhw i'r hunllef
    o ffrwydradau a mwg a gynnau gwyllt;
    lle lladdwyd Ellis Evans;
    'nose cap' yn ei fol a cholli gwaed yn sydyn,
    neb yn disgwyl, 'ble mae'r cymorth?'
    ac mae pawb yn symud mlaen.

A fanno ar ei liniau, yn ei ddyrnau dim ond pridd,
Meddyliodd am ei gartref yn Nhrawsfynydd, sir Feirionydd
Ni chlywodd mwy yr arfau na sŵn y tanciau trwm,
'mond sŵn hen afon Prysor yn canu yn y cwm.

Gai Toms (1976–)

Un o feirdd ifainc Meirionydd yw Gruffudd Antur a chanodd yr hir a thoddaid yma yn ystod yr Her Can Cerdd y mis Hydref 2013.

Lle bu'r mieri yn lleibio'r muriau,
gwynnu o hyd a wna'r hen, hen gnydau,
ac wrth weld ystôr yr ysguboriau
a'r llwyni irion mor llawn o eiriau,
fe wn y gwelaf finnau – draw acw
ryw un hen arwr yn trin ei erwau.

Gruffudd Antur (1992–)

Cyfres radio Talwrn y Beirdd oedd yr ysgogiad i Rhys Iorwerth gofio ar gân ei ymweliad cyntaf a bedd Hedd Wyn.

Dim ond...

Dim ond ni a'r meini mud
sy' yma. Dim yn symud:
awel haf ac arafwch
cysglyd ar weryd yn drwch;
ac o gylch y meini gwyn,
haul ac ŷd Gwlad Belg wedyn.

Gwyrddni lawnt. Y gerddi'n lân,
a gyfuwch â draig fechan,
dyna weld ei enw o.
Anadl. Fan draw'n dadflino
ar y dalar mae ffarmwr
how-di-dow yn cario dŵr.

Rhys Iorwerth (1983–)

Nid Hedd Wyn oedd yr unig fardd i farw ar 31ain Gorffennaf 1917.
Mewn bedd cyfagos iddo ym mynwent Artillery Wood, mae bardd
o Wyddel oedd yr un oed ag ef; ac fel yntau o gefndir tlawd ac heb
gael llawer o addysg ffurfiol. Ei enw oedd Francis Ledwidge.

Francis Ledwidge a Hedd Wyn

Y ddau frawd yn yr un enaid, yr efeilliaid o feirdd, pa ffawd
a'u hasiodd ynghyd, pa dynghedau oddi ar flwyddyn eu geni?
Y bardd o Iwerddon a'r un o Feirionydd, dau frawd
yn llawenydd eu hawen cyn rhannu yr un trueni.

Diniwed oedd breuddwydion eu hawen, a'u calonnau yn lân,
a'r ddau yn gyforiog o einioes cyn i'r byd droi'n furgynod
yr ieuenctid gwridog trwy'r fidog, a'r tafodau o dân
yng ngenau'r gynnau yn eu lapio'n eu fflam fel gwyfynnod.

ac ar ddiwrnod olaf Gorffennaf, a'u ffawd yr un ffunud
â'i gilydd, syrthiasant yn gelain; y naill yn ei waed
yn griddfan yn groch, a'r llall, bron o fewn yr un funud,
yn y mwd yn dameidiau dan ruthr trwsgl y traed.

'Roedd y cerddi nas crewyd yn crio ym mudandod eu genau,
a chaethiwyd eu hawen am byth ym maes yr amenau.

Alan Llwyd (1948–)

Ychydig o gyfle a gafodd Hedd Wyn i gofnodi'i argraffiadau o fyw yn y ffosydd, ond roedd Simon Jones o Lanuwchllyn yn y fyddin hefo fo, ac mewn cyfweliad teledu ar ddiwedd y 1970au, disgrifiodd y profiad o hel llau o'i ddillad cyn brwydr Cefn Pilkem.

"Ac mi ddalies eighty two ohonyn nhw. (...) Ia, odd llau yn poeni mwy arno chi bron na Jyrmans ynde. Pan odda chi'n cnesu i gal cwsg, odd nhwthe'n dechre martshio arnoch chi."

Roedd rhai milwyr yn disgrifio'r gwaith o graffu ar ddilledyn wrth ceisio cael gwared o'r llau, fel 'darllen crys' – a dyna fan cychwyn y gerdd nesaf.

Darllen ei grys

Clec ar ôl clec yn nhawelwch y ffos;
mae Ellis Evans yn darllen ei grys.
Plyga'i ben dros destun sy'n ei ysu'n fyw
a'i 'winedd yn clecian ac yn ysgwyd
llythyren 'rôl llythyren goch o'r wlanen;

cadfridog diwyd y difa distaw,
mor ddistaw fel y clywo'i hun yn llyncu'n sych,
megis cyn datod botymau cynta cariad
a diffodd gwrthsafiad â ffrwydrad gwefusau
- bu llun hon yn gynnes dan ei grys...

A manion fel'na sy'n ei sadio:
cusan rasal; gweld ei hun mewn llygad o ddrych...
Nes gwisgo ohono ei grys drachefn
a diflannu, i wead map ar fwrdd pencadlys,
i slaes pensil o ymosodiad coch
a chadfridog arall yn chwythu
naddion ei finiwr o blygion ei fap.

Clec ar ôl clec yn nhawelwch y ffos...

Ifor ap Glyn (1961–)

Gorffennwn ein taith drwy'r ganrif gyda cherdd sy'n cyfarch Gerald Williams, nai Hedd Wyn, a'r olaf o'r teulu i fyw yn yr Ysgwrn. Cafodd Gerald a'i frawd Ellis eu magu gan eu nain a'u taid, ar ôl i'w mam Ann, (chwaer Hedd Wyn) farw'n ifanc.

Gerald Williams, Yr Ysgwrn

Arhosodd yn nrws ei groeso; –cadwodd
    Y coed wedi'u cwyro;
   Mae archif canrif y co'
   Yn dân ar aelwyd yno.

Myrddin ap Dafydd (1956–)

CERDDI HEDDIW

Gofynnwyd i nifer o feirdd cyfoes am 'gerddi
newydd yn ymwneud â gwahanol agweddau
ar y cof am Hedd Wyn heddiw.' Mae eu hymateb
yn gyfoethog iawn o ran eu hamrywiaeth, gyda
rhai wedi'u denu at wahanol agweddau ar
hanes Ellis Evans, ac eraill yn braiddgyffwrdd â'r
dyn er mwyn archwilio sumboliaeth 'Hedd Wyn'.
Er fod pob bardd yn ysgrifennu heb wybod be
fyddai gan y lleill i'w ddweud, mae'n rhyfeddol
sut mae'u gwaith wedi plethu'n gyfanwaith.

Dechreuwn wrth droed y cerflun sy'n dal i sefyll ynghanol Trawsfynydd, gan edrych i gyfeiriad yr Ysgwrn. Mae'r cerflun yn darlunio Hedd Wyn, nid fel milwr, ond yn hytrach fel bugail ...

Ffon fugail

Hogyn – eto'n ddyn – oedd o
lle taenai'r lleuad honno
ei golau dros fugeiliaid.

Ar ffridd, gwelai gyrff yr haid
a dynnai waed ei wanwyn
i fwd drwy yddfau ei ŵyn.
Ar wal nos eu corlan nhw,
daliai – mewn breuddwyd welw –
hyd o gollen bachgennaidd
yn reiffl i warchod ei braidd.

Yna â'i reiffl yn y drin
yn rhan o braidd y brenin,
breuddwydiai fel bardd wedyn
yn ei ffos – mai un o'i ffyn
oedd yn ei law. Roedd niwl haf
y gwn fel y tarth gwynaf
tros fawnog Mai Trawsfynydd,
yntau ar war y tir rhydd.

Yn ffrwd ei waed, ffeiriai'r dyn
hiraethus fadj am frethyn
gwerinwr, ac ar ennyd
hir ei boen clywai, drwy'r byd
dreng a dall y tu allan,
yr hen gwm a'r dŵr yn gân.

Myrddin ap Dafydd (1956–)

Yn y cyfarfod coffa a gynhaliwyd yn Neuadd Trawsfynydd ar ôl dod
â chadair Hedd Wyn yn ôl o Eisteddfod Genedlaethol Penbedw,
dywedodd y cadeirydd,

'mai coffhau am Hedd Wyn y bardd, ac nid Hedd Wyn y
milwr oedd amcan y cyfarfod.

Ond ni sylwodd pawb o'r siaradwyr ar yr awgrym, a
thrawiadol iawn oedd y ddwy wedd i'r coffhad (...)
Soniai rhai o'r siaradwyr am wladgarwch Hedd Wyn,
yn ateb galwad y Fyddin, ac yn aberthu ei fywyd dros yr
egwyddorion mawrion sydd dan draed yn y Cyfandir.

Ond gwedd arall oedd yn apelio fwyaf at y cynulliad
wyddai'r hanes. Mab heddwch, plentyn tangnefedd,
oedd Hedd Wyn, nid gwr y bidog (...) pan y dywedodd y
Cadeirydd mai mab heddwch oedd Hedd Wyn, dangoswyd
beth oedd teimlad ei gymydogion yn y gymeradwyaeth
frwdfrydig a roddwyd i'r sylw.'

*Mae'r gerdd nesaf yn ein rhybuddio rhag caniatau i'r cof am Hedd
Wyn gael ei hawlio fel arf recriwtio ar gyfer rhyfeloedd heddiw.*

Elis

Nid yw'r byd yn dysgu dim.
Ar ddioddef mor ddiddim
Gwrendy, heb ddysgu'r undim.

Nid yw awdlau'n cystadlu
 dur sy'n diystyru
Poen y bardd fel pe na bu.

Ni waeth pe bai'r geiriau'n ôl
A bod iaith heb ei dethol,
Y Gadair Ddu'n goed ar ddôl.

Cans Elis y *service* yw,
Breuddwyd a wadwyd ydyw,
Atgo'i lais sy hwnt i glyw.

Nid yw'r MOD'n dewis
Ffwsilwyr y ffos, Elis,
I hyrwyddo moto'r mis.

Pa ladd? Mae'n glamp o loddest,
Elis, *Armed Forces* yn ffest,
Bedd y bardd yn *Be the Best* …

Seinied d'awen eleni
Ganwaith, ganwaith rhag inni
Droi dy awdl a'th Gadair di

Yn *Help for Heroes* o hyd;
Am dro, anghofio hefyd
Y geilw'r bardd o glyw'r byd.

Eurig Salisbury (1982–)

Yn ôl un o'i gydfilwyr, Simon Jones o Lanuwchllyn,

'Odd Hedd Wyn, wyddoch chi, dodd o ddim yn filwr, 'dê.
(...)Odd genno fo ddim diddordeb mewn militariath,
beth bynnag. Dudwch chi, on i'n mynd ar y musketry yn
Litherland. Wel, on i'n licio gwn 'rioed ac on i'n cal ryw
bleser, ond dim ond pleser o ran saethu bords odd hwnnw,
yndê. Oddech chi ddim 'n sylweddoli bod nhw'n disgwyl i
chi saethu dynion later on.'

Simon Jones

Yn ôl Simon Jones, ar farddoniaeth oedd bryd Hedd Wyn, hyd yn
oed tra oedd yn ymarfer dril milwrol! A'r Hedd Wyn breuddwydiol
a chyfriniol hwnnw sydd yn y gerdd nesaf.

Efallai...

Efallai
y gwelod e'r Cadeirio,
yntau'n eistedd yn y cefn
a'i stumog yn corddi'n nerfau
a gorfoledd am yn ail;
y cyrn gwlad yn seinio'u balchder,
yr Archdderwydd yn galw *Fleur-de-Lis*
gyda dyfnder llais o'r crombil,
y dorf yn dwrw o gymeradwyaeth
fel storom yn torri wrth iddo godi…

Efallai
y gwelodd ei hun yn hen,
yn dal i eistedd ger y tân
yn Ysgwrn ei gynhysgaeth,
weithiau'n falch a weithiau'n
taflu ei siom i'r fflamau
cyn dechrau o'r dechrau ar y gerdd.
A welodd ei hun yn bugeilio
ei syniadau i gorlan y gynghanedd,
yn cyfri ei ddefaid fesul sill?

Efallai
y profodd flas cusan hir
neu weld pawb yn canu yn ôl o'r ffosydd,
dros y môr ar daith tua thre,
pawb yn freichiau ar `sgwyddau
a'u hetiau yn gam o chwerthin gymaint.

Efallai
y bu iddo glywed Duw yn dweud
fod y cyfan ar ben wrth iddo orwedd
ar faes cad ei anadl olaf.

Aneirin Karadog (1982–)

Mae Hedd Wyn wedi dod yn gymaint o eicon cyfarwydd inni,
oes peryg i ni golli adnabod ar Ellis Evans y dyn? Dyna'r cwestiwn
a ofynnir gan y bardd nesaf.

Hedd ac Ellis

(Ai duw hud mewn oed ydoedd,
ai rhyw wyllt ymhonnwr oedd?
                    'Yr Arwr')

Gwn, mi wn pwy wy'-ti, mêt:
ein heiddo.
    Ond pwy oeddet
y tu ôl i'th iet dy hun,
was alltud? Un glaswelltyn
o'r gweiriach ar drugaredd
gynnau teyrn y gwynt, Hedd?

Ai dryw mân yng ngalanas
glec-ar-glec yr hen walch glas?
Neu un oen arall di-nod,
un llo bach arall, bechod?

Neu bob bore, dwed, a oedd,
yn y rhyddid ar ffriddoedd
yr Ysgwrn, ddwrn goresgyn
yn dy war yn cydio'n dynn?

A oedd awch, fel awch ffos ddu,
dy wellau'n ymdywyllu?
Awch y gad ar dy bladur,
a'th sychau'n bidogau dur?

Heddiw, ni waeth beth oeddet,
ni biau'r Hedd heibio i'r iet:
i ni, pa ots am y 'Pwy?' –
rydwyt mor gymeradwy
fel yr wyt, nid fel roet-ti:
ein celain wyt, ein clai ni

i'w fowldio'n eicon yn awr:
Hedd a'i wae yn ffilm ddwyawr,
Hedd a'i wae'n daith ddi-ddiwedd
ar y bws i'r fferm neu'r bedd;
Hedd darn TGAU a cherdd dant,
Hedd a'i waed yn ddiwydiant.

Wrth greu cof, nad anghofiwn
nad ti oedd y trosiad hwn
am y bechgyn gwyn i gyd,
am y Rhyfel Mawr hefyd,
wa'th, wir, y tu ôl i'th iet
ddulas, Hedd, Ellis oeddet.

Ceri Wyn Jones (1967–)

Herio ein rhagdybiaethau a wna'r gerdd nesaf hefyd. Sefydlwyd
The Refugee Art Project *yn Awstralia yn 2010 fel protest yn*
erbyn cadw ffoaduriaid yn y ddalfa pan ddôn nhw i'r wlad honno,
ac mae'r prosiect yn rhoi llwyfan i'w gwaith celf a'r hyn sydd
ganddynt i'w ddweud.

Cafodd chwarter miliwn o ffoaduriaid Belgaidd loches yng
ngwledydd Prydain yn ystod y Rhyfel Mawr. Un o'u plith oedd
Eugeen van Fleteren; a'r gadair ddu oedd ei gampwaith.

Yr Ysgwrn / The Refugee Art Project

Oriel o lygaid dirgel
      yw hon;
ar un wedd - oriel ddigalon.

Oriel o lygaid sy'n gwybod
      mwy na gormod
am nad yw ein byd yn dysgu byth

ond oriel ac arni ôl
y cariad sydd yn y brifo
mwya'n bod,
fel ffoadur yn saernïo'i hiraeth
yn gadair i fardd.

Iestyn Tyne (1997–)

*Cyfeiriwyd yn y gerdd flaenorol at 'gariad' a'r 'brifo mwya'n bod'.
Mae'r ddwy gerdd nesaf yn ymdrin yn deimladol â'r un themâu,
ond o safbwynt mam Hedd Wyn.*

Ei fam

Dyma'i fam
yn cynnau tân
fel y gwna bob dydd.

Mae hi'n dwstio'i lun,
gwenu arno
yna'n arllwys y byd
i'w le
mewn tebot
a chynhesu ei dwylo
tan ddaw adre.

Dyma hi yn y ffenest
yn troi'i phen at sŵn bob troed.

A dyma hi'n pobi cacen, yn llawn gofal,
yn barod amdano
pan ddaw adre
ac mae'n dal i wau siwmper
â dwylo oer.

Dyma'i fam.

Dyma bob mam.

Mari George (1973–)

Mary Evans, mam

Oedd o'n taro rhwng curiadau'r cloc mawr?
Oedd o wedi'i wasgu yn nwrn cadach
wrth iddi godi llwch o'r llestri gleision ar y ddresel?
Neu oedd o'n rhuthro gyda gwynt y fegin
i hel mwythau â fflamau'r tân?

Pan ddeuai mwya' sydyn,
oedd ei hanadl hi'n rhoi oddi tani
fel tasa'r dillad isa'n llithro'n ara'
o berfedd y fasged olchi ar ei chlun
i'r llawr?

Rhywle, ym mlerwch y niwl,
a deimlai lygaid arni
ac yna, mewn ennyd,
oedd y fasged a'i chynnwys
yn dynn yn ei chledr eto
a'i hanadl yn ôl yn saff yn ei brest?

Weithiau,
a fyddai'r Moelwynion i weld yn bell
ac Ardudwy yn cau ei ddrws arni?
A fyddai'r gannwyll frwyn yn gwyro mwy,
y setl ger y grât yn wag o gysur
a bariau'r ffendar ar yr aelwyd yn oer?

Gadael ei gwaith wnaeth hithau.
Ond mae'i chadair ger y bwrdd
yn dal i glywed sŵn traed Nant y Frwydr
yn rhedeg drwy'r drws
i'w chegin hi.

Marged Tudur (1993–)

Nant y Frwydr (neu Nant Budr ar lafar gwlad) yw enw un o'r nentydd sydd yng nghyffiniau'r Ysgwrn. Mae yna ffermdy yn dwyn yr un enw; ac yno y magwyd hen nain Marged Tudur.

Ceisio gwneud synnwyr o faint colledion y Rhyfel Mawr a wna'r gerdd nesaf. Mae'n ein herio i ystyried beth yn union wnaeth gymell cyflafan o'r fath, ddoe? A beth sy'n cymell hynny heddiw?

Rhifo

I'n canrif dim ond rhifau ydyn ni,
    côd noeth o ddigidau
  diwyneb yn rhes denau,
  yn rhes rhwng marw a pharhau.

Aeth canrif ers ein rhifo, - fil wrth fil
    yn gyfalaf eto,
  hel dyn yn daliad yno
  yn gelc i gyfrif o'i go'.

O dalu, daeth y dylif – i wario
    yr arian o'r cyfrif,
  ei wario yn aneirif
  i ddiwel rhyfel di-rif.

O fwled ein cyfalaf, – eto fyth,
    tyf o un y nesaf,
  a llu a dyf o'r lleiaf
  yn Nhrawsfynydd hwyrddydd haf.

Un Elis oedd i'w deulu, – yn Hedd Wyn
    a'i ddawn yn cyfannu,
  ond daeth, wedi'r ffosydd du,
  yn Hedd Wyn i'w feddiannu.

Yn un dyn, wrth ei hunan, – un mab oedd,
    ond mae byddin gyfan
  yn ei enw'n gyfanian.
  'Dyn ni i gyd yn ei gân.

Hywel Griffiths (1983–)

'Un Elis oedd i'w deulu' meddai'r bardd diwethaf – ac 'un Elis' oedd i'w gariad olaf, Jini Pant Llwyd. Ei phrofiadau hi yw canolbwynt y dair cerdd nesaf.

Jini Pant Llwyd
(Ar alaw 'Keep The Home Fires Burning')

Ydi'r lleuad dros y fawnog
Wedi smwddio'r rhychau blêr,
Wyt ti'n sefyll yn dy ffedog
Ac yn synnu at y sêr?
Oes 'na arian yn nŵr Prysor
Ac ar Lyn Hiraethlyn draw?
O, mi wyddost nad oes trysor
Fel cael gafael yn dy law.

    Hiraeth mawr sy gin-i
    Am dy freichiau, Jini,
    Braf yw cael dy gwmni
    Pan dw i'n cysgu'r nos,
    Eistedd yn fy nghadar,
    Gwrando cân yr adar:
    Gofyn yn dy badar
    Pryd ga'i ddod o'r ffos.

Ydi 'mrodyr yn yr Ysgwrn
Yn bugeilio'r gwenith gwyn?
Ydi 'Nhad yn cau ei ddeuddwrn
Am fy mod i yn fan hyn?
Ydi Mam yn hel y briwsion
Wrth i'r genod hwylio'r bwyd?
Oes 'na rywun yn dy ddanfon
Adra heno i Bant Llwyd?

Hiraeth mawr sy gin-i
Am dy freichiau, Jini,
Braf yw cael dy gwmni
Pan dw i'n cysgu'r nos,
Eistedd yn fy nghadar,
Gwrando cân yr adar:
Gofyn yn dy badar
Pryd ga'i ddod o'r ffos.

Twm Morys (1961–)

*Derbyniodd Jini Pant Llwyd, gyfarchion
pen-blwydd ar ffurf cerdd gan Hedd Wyn, ym
mis Awst 1917. Erbyn i'r cyfarchion gyrraedd
Jini (neu Jennie, fel yr ysgrifennai yntau) yr
oedd y bardd wedi ei gladdu yn naear Fflandrys.
Dyma bennill gyntaf y gerdd honno:*

Gwyn fo'ch byd, 'rhen Jennie dirion;
Yn eich cartref dan y coed,
Lle mae'r blodau yn felynion,
Chwithau'n saith ar hugain oed.'

A dyna'r geiriau sydd wedi symbylu'r gerdd nesa:

Llythyr Jennie Pant Llwyd

Mae 'nghân yn aros dan y coed
ymysg y blodau gwynion,
a thithau'n saith ar hugain oed.

Daw'r lleuad borffor fel erioed
i chwarae ar lif yr afon,
mae nghân yn aros dan y coed.

Agor yr amlen yn ddi-oed
Jennie, rwy'n rhoi fy nghalon
a thithau'n saith ar hugain oed.

Fe ddof yn ôl, os byth y boed
i'm allwedd o faes y meirwon,
mae nghân yn aros dan y coed.

Gwranda, fe glywi sŵn fy nhroed
yn nesu, trwy'r brigau llwydion,
a thithau'n saith ar hugain oed.

Ond os na fedraf gadw oed
a thi, rho heibio'r hen amheuon,
mae nghân yn aros dan y coed
a thithau'n saith ar hugain oed.

Haf Llewelyn (1964–)

Dychmygu eiliadau'r garwriaeth a wna'r gerdd nesa –
cyn tragwyddoldeb y gyflafan a ddaeth wedyn...

Ar ôl gorffen

Ar ôl gorffen y cynhaeaf cynnar
a'r mydylau'n dew,
cerdded at Afon Ffatri -
croesi cae, croesi rhyd -
a chyrraedd dy gusanau
dy gynhaeaf
dy fydylau di,
a nofio eto yn y dŵr.

Bys a bawd,
datod cnawd
a chilfachau'r botymau bach,

llyfu'r eiliadau o'r pantiau
blaen tafod, dew
â bwriad, ias, sibrwd ysol
yma, wedi'r cynaeafu cynnar
a'r mydylau'n dlws.
Gardd o fwyniant, griddfanau
yn tanio eto ynom
olau, fflam.

Gorwedd yn ddigywilydd, fyw.

Bydd nofio eto yn Afon Ffatri
a thynhau'r mydylau. Bydd cynaeafu cynnar
a chroesi cau rhwng dau fyd, rhwng dau gynhaeaf
a griddfanau...

Ynyr Williams (1959–)

Gwyddwn fod Hedd Wyn yn mwynhau mynd o eisteddfod i eisteddfod – roedd y gwobrwyon yn ffynhonnell incwm iddo, gan nad oedd yn cael cyflog am weithio adre. Ar ôl iddo ennill am ysgrifennu englyn i fynydd lleol (sef y Moelwyn) yn Eisteddfod Llanffestiniog, aeth gyda'i ffrindiau i fwynhau'r wobr mewn tafarn gyfagos. Ar ddiwedd y sesiwn fe wnaeth y sylw anfarwol hwn – 'Hogia! Dan ni wedi gwneud eitha camp heno! Dan ni wedi llyncu'r Moelwyn mewn chwarter awr!' A rhyw hwyl 'eisteddfodol' fel yna sy'n fan cychwyn i'r gerdd nesa:

Noson fawr yn y Steddfod, 2014–2018

Noson fawr yn sŵn fy ha'
a gefais, noson gyfa'
yn moshio i fand, yn gwrando
ar hil chwil yn mynd o'i cho'.

Llwyfan yn bell o ofid
oedd hwn, lle inni'n ddi-hid
dros wydrau gwin diflino
daro tant a chodi'r to.
Ac wedi'r gíg, heidio i'r gwyll:
o'n pŷb troi'n griw i'n pebyll
neu fewn i'n carafanau.

Ond o'r coed ym mhen draw'r cae
roedd rhyw gwrdd hwyr ar gerdded,
milwyr o wŷr ar barêd
anniben rhwng adlenni:
gwŷr main o'r llain dros y lli
a'u gwaed sych a'u llygaid sôr
yn drwm. Gwŷr llesg o dramor
â gwawr rhy od ar bob grudd
wedi dod un diwedydd
i'n gŵyl i rannu'u galar,
i droi'r gwair a brwydrau gwâr
ein gwersyll yn gae arswyd,
i ddifa'r bar a'r lle bwyd.

A dyna weld wedyn wedd
y gŵr fu un tro'n gorwedd
yn y dŵr yn Passchendaele
trwy'r maes mewn het drom isel
yn cerdded o'r toiledau,
fel fwltur yn cylchu'r cae,
ar goll fel pe'n chwilio'r gair.
Hyn i gyd heb ei gadair.
Cefn Pilckem yn ei drem draw;
dialedd yn y dwylaw.

Y gwŷr gwargam eu tramwy
a'u sŵn mawr aeth yn sŵn mwy:
y fi yn fy nghamperfán
a rhyw eco fel crawcian
o'r cysgod yn dod wedyn
cyn taro ar y to tun:
caneuon brud cywion brain
hunllefus Argoed Llwyfain
o big i big yn dweud bod
ein maes yn dir ymosod.

Yna'n swrth, dihunais i
i lanast rhwng adlenni
a wyneb y bore bach
yn lledu. O ddilladach
y gwely codais, druan.
Gwin a mwg. Ac yn y man,
gan fod rhaid eisteddfota,
es yn f'ôl i sŵn fy ha'.

Rhys Iorwerth (1983–)

Mae'r gerdd nesa'n mynd â ni o faes yr Eisteddfod at gaffi ar y prom yn Aberystwyth. Mae yma adlais o gerdd 'September 1st 1939' gan W.H. Auden, a ysgrifennwyd wrth i hwnnw wrando ar newyddion radio tra'n eistedd mewn bar yn Efrog Newydd. Yr Ail Ryfel Byd oedd gan Auden dan sylw wrth reswm, ond dyna neges y gerdd hon– 'does dim yn newid'.

Eto ac eto

A bûm innau'n eistedd, hefyd,
mewn rhyw gaffi bach
ar gornel stryd, yng nghanol dre',
yn gwylio'r drudwy du'n

crynhoi. Does dim yn newid,
felly, dim ond y man a'r lle
a phryd; ac mae cysgodion stryd
yn pasio heibio fel erioed.

Ond chlywa' i ddim byd, dim smic,
fan hyn tu hwnt i ddagrau
y ffenestri stêm; er, fe wn yn iawn
fod sŵn taranau'n rhywle,

wrth i'r nos fel seiren
alw'r adar hyn i'w cysgod dan y pier,
i glwydo yno yn eu baw
a sŵn eu cyfalawon hyll

uwchlaw ochneidio'r tonnau
sydd yn drwm gan froc
a sgerbydau coed
eu dianc rhag gorffwylltra.

A bûm i fan hyn, a hyd y lle
mae llestri budron, briwsion,
pyllau te, a chadair wag IKEA'n
gegrwth fud o'm blaen.

Dafydd John Pritchard (1965–)

Bydd cadeiriau gweigion ar ôl pob rhyfel. 'Does dim yn newid'.
Neges debyg sydd i'r gerdd nesaf, a llinell agoriadol un o gerddi
enwocaf Hedd Wyn yn gefndir iddi:

Gwae

(wrth feddwl am Syria)

'Gwae fi fy myw mewn oes mor ddreng' a blin
Medd llais y bardd cyn dwyn ei gân a'i ne',
Ai cri yw hedd, rhyw weddi ar ein min?

O'r Rhyfel Mawr, i'r adar du ar sgrîn
Sy'n taro'r lliaws nes diddymu'r lle,
'Gwae fi fy myw mewn oes mor ddreng' a blin.

Anhrefn a erys , rhai ar ffo dros ffin,
Gwae yng ngwreiddiau'r pridd, cyni ym mhob tre,
Ai cri yw hedd, rhyw weddi ar ein min?

Teyrn di-dderbyn-wyneb, llym wrth drin
Ei ddeiliaid, di-drugaredd â'i law gre,
'Gwae fi fy myw mewn oes mor ddreng' a blin.

Daw grymoedd mwy i'w herio gyda rhin
Y rhyfel cyfiawn ddaw â threfn, medd e,
Ai cri yw hedd, rhyw weddi ar ein min?

O derfysg holl deyrnasoedd,creulon hin
Sy'n difa mwynder byw , pob plaid a phle
'Gwae fi fy myw mewn oes mor ddreng' a blin,
Ai cri yw hedd, rhyw weddi ar ein min?

Menna Elfyn (1953–)

Roedd teulu'r bardd nesaf yn byw am y ffin â fferm yr Ysgwrn.
Yn ei cherdd mae'n gofyn ai haws weithiau yw cofio'r 'marw ymhell'?
Ac anghofio'r 'angau dianrhydedd' nes adre?

Pridd

Y mae'r Cofio mor rhwydd,
Mor lân.

Ymlwybro hyd rodfeydd
Y meini gwynion
Unionsyth
Sipian galar ddoe,
A chwilio'r teidiau coll,
Blwyddi'r cenedlaethau
Wedi sychu hiraeth,
A heddwch wedi'i naddu
Mewn enwau taclus,
Du.

Bwledi,
A rwygodd gnawd
Gorff ar ôl corff
Yn farblis yn y pridd,
Drewdod melys
Nwy a'r meirw wedi'i hen chwalu,
A'r weiren bigog
Yn dorch o rwd tan gnwd maes,
Ysgyrion esgyrn
Yn fân betalau gwynion
Llonydd,
A'r ffosydd
A nadreddai trwy laid Arras
Yn wndwn glas.

Mor gyfforddus
Yw cofio cyhoeddus,
Â rhyfel yn elw.

Ond yma,
Yn erwau Meirion,
A'r mwg o dân yr Ysgwrn
Wedi hen ddirwyn i'r anwel
Trwy'r awel fain,
Angau sy'n hongian o hyd
Rhwng llechi llwydion,
Angau byw
A madredd ymbelydrol
Hen orsaf yn arswyd.

Atomau ar chwâl
Yn picellu'r pridd,
Yn egru, yn llygru
Yn ysu Cwm Prysor,
Bwledi'r niwtronau
Yn ymgordeddu'n un ddawns ddiaros
Yn fywyd a hanner bywyd
Yn y tywyrch.

Rhwygo cell ar ôl cell
Ym Mronsgellog,
Ffrwydriadau o dyfiannau'r fall
Yn ngholled Caerhingylliaid
A galar Bryngolau
Yn belydrau llosg.

Yma mae'r meirw mud
A'u hangau'n ddianrhydedd,
A'r anghofio cyhoeddus
Mor gyfleus
I elw.

Nia Powell (1953–)

Un o Drawsfynydd yw Siân Northey, ac yn ei cherdd hithau, mae giât yr Ysgwrn yn troi'n borth amser at ddioddefaint rhyfeloedd pob oes.

Yfed cwrw yn yr haul

Mae parch at y cerflun gan blant Trawsfynydd.
Ond ambell waith
ar fore Sul
gwelir can o goca cola yn dy law,
neu gan o gwrw.
Rhywbeth na welaist erioed
ag arloesi Felinfoel heb ddigwydd eto.
Er hynny
dw i'n cerdded weithiau
trwy giat Rhos Grwm yr Ysgwrn ganol haf
â'r byrnau'n rhesi,
a dw i'n pasio can i chdi, ei oerni'n ddagrau,
a dy wylio'n profi'r swigod yn clecian
ac yn chwalu ac yn ffrwydro
ar dy dafod,
a'r diferion hylif coch
yn ystaenio blaen dy grys.
Dw i'n llenwi berfa, car llusg, trol a threlar
efo caniau,
a'u rhannu efo'r bechgyn
sy'n llenwi'r llethrau'n lleng,
y bechgyn a ddaeth adra tro'ma
o Iwerddon, Syria, Fietnam
i helpu efo'r gwair
ac yfed cwrw yn yr haul.

Sian Northey (1960–)

Gyda'r ddwy gerdd ddiwethaf wedi dod â ni yn ôl i Drawsfynydd, gorffennwn y gyfrol hefo cerdd arall i gyfarch Gerald Williams. Ef sydd wedi diffinio'r Ysgwrn i sawl cenhedlaeth o ymwelwyr diweddar. Gyda'i frawd Elis, ymdrechodd ar hyd ei oes i 'gadw'r drws yn 'gorad' fel y'u dysgwyd i'w wneud gan eu Nain, Mary Evans, mam Hedd Wyn.

Gerald Williams, Yr Ysgwrn

Daeth yma'n blentyn bach i fyw at Nain,
i dŷ yr ewyrth coll a gafodd glod
ar ffurf cadeiriau mud – ond tystiai rhain
i ddawn 'flodeuodd, cyn i'r bladur ddod.

A'i nain a'i dysgodd am y pethau hyn,
a phwnio iddo grefft enhuddo'r tân
i gadw ei hatgofion oll ynghynn,
yr hanes llachar oedd yn rhan o'r gân.

A dyna wnaeth, ei dweud hi fel y mae,
A geiriau'i nain yn canu yn ei go';
gadawai'i dractor weithiau, ganol cae
rhag ofn i neb gael siom fod drws ar glo.

Croesawodd filoedd yn ei ffordd ei hun,
a chadw'r lliw rhag pylu'n llwyr o'r llun.

Ifor ap Glyn (1961–)

FFYNONELLAU

Rhagair

Haf Llewelyn, *I wyneb y ddrycin – Hedd Wyn, yr Ysgwrn a'r Rhyfel Mawr*, Cyhoeddiadau Barddas, 2017

Rhagymadrodd

"Ein Hymweliad â'r Ysgwrn", *Yr Herald Cymraeg*, 25.9.17, t.4

EBENEZER (A) – Cafwyd dadl hwyliog dan nawdd Cymdeithas Ddiwylliadol yr eglwys uchod nos Iau, Tachwedd 17. Y mater ydoedd "Ai yr Amaethwr ynte'r Chwarelwr yw y dylanwad mwyaf ar gymdeithas yn y cylchoedd hyn ? Agorwyd yn feistrolgar o blaid yr Amaethwr gan Mr Ellis H. Evans, Ysgwrn . . .

(*Y Rhedegydd* 26.11.10)

Nos Sadwrn diweddaf cafodd trigolion Trawsfynydd wledd amheuthun. Cynhaliwyd cyngerdd mawreddog, o dan nawdd yr eglwys Wesleaidd, gan y Cefn Mawr Quartette Party. Y Bardd athrylithgar Hedd Wyn a ddaliai'r awenau, a gollyngai ei englynion naturiol yn rhwydd i bob cyfeiriad.

(*Y Brython* 25.3.15)

HEDD WYN MEWN KHAKI – Y mae Hedd Wyn bellach yn breifat gyda'r Royal Welsh Fusiliers yn Litherland. Y fo'n fab fferm yn Nhrawsfynydd; yn fardd ieuanc addawol er heb gael nemor o fanteision addysg; a fo oedd yr ail am Awdl y Gadair yn Eisteddfod Genedlaethol Aberystwyth y llynedd.

(*Y Brython* 15.2.17)

'Hedd Wyn' – sgript gan Alan Llwyd, cyfarwyddwr Paul Turner, S4C, 1992

Gerald Williams, ei rag-gyfweliad hefo Nia Dryhurst, Cwmni Da, 2013

Dafydd Emrys, *Llyfr Lloffion yr Ysgwrn*, Gwasg Carreg Gwalch, 2005, t.78.

"Indeed, Hughes has told of how Bale had specifically asked him to show him the grave of Hedd Wyn, the Welsh poet who had been killed at the Battle of Passchendaele just weeks before being posthumously awarded the Bardic Chair at the 1917 National Eisteddfod, Bale having been intrigued by the story told to him by his mother.

http://www.walesonline.co.uk/sport/football/football-news/day-gareth-bale-welsh-football-11552790

Lieven Dehandschutter (cyfieithydd) *Een Herder-Oorlogsdichter*, Gwasg Carreg Gwalch, 2017; Marie-Thérèse Castay (cyfieithydd) *Le Berger Poète Combattant*, Gwasg Carreg Gwalch, 2017; Howard Huws (cyfieithydd) *The Shepherd War Poet*, Gwasg Carreg Gwalch, 2017, *Cerddi'r Bugail*, gol. Gruffudd Antur, Gwasg Carreg Gwalch, 2017.

Hedd Wyn, *Cerddi'r Bugail* gol. J. J. Williams, 1918

John Morris, cyfweliad ar gyfer rhaglen 'Hedd Wyn' HTV, 1967

Enid Morris, cyfweliadau yn 'Bywyd Hedd Wyn', HTV, 1977; 'Dechrau Canu Dechrau Canmol' BBC, 1992; y dyfyniad o 'All Our Lives 2: Tears and Telegrams', BBC, 1994

Alan Llwyd, *Gwae fi fy Myw: Cofiant Hedd Wyn*, Cyhoeddiadau Barddas, 1991. Gweler hefyd yr ail olygiad trwyadl *Cofiant Hedd Wyn*, Y Lolfa, 2014, a'r fersiwn gryno ddwyieithog, *Stori Hedd Wyn,* Cyhoeddiadau Barddas, 2009.

Cerddi ddoe 1917-2016

Dyfed (Evan Rees), 'Bardd Coll y Gadair Ddu', dyfynnwyd yn *Hedd Wyn*, William Morris, Llyfrfa'r Methodistiaid Calfinaidd,1969, tt. 15-16.

R. Williams Parry, 'Englynion Coffa Hedd Wyn', *Yr Haf a Cherddi Eraill*, Gwasg Gee, 1924.

Rolant Wyn (Rowland Wyn Edwards), 'Gweddi', *Llyfr Lloffion yr Ysgwrn*, Gwasg Carreg Gwalch, 2005, t.43.

Barlwydon (Robert John Davies), dyfynnwyd yn *Gwae Fi Fy Myw; Cofiant Hedd Wyn*, Alan Llwyd, Cyhoeddiadau Barddas, 1991, t.272.

Gwilym Deudraeth (William Thomas Edwards), *Gwae Fi Fy Myw; Cofiant Hedd Wyn*, Alan Llwyd, Cyhoeddiadau Barddas, 1991, t.270.

Eifion Wyn (Eliseus Williams), *Gwae Fi Fy Myw; Cofiant Hedd Wyn*, Alan Llwyd, Cyhoeddiadau Barddas, 1991, t 267.

Ceris A. Richards, *Y Faner*, Hydref 27, 1943.

Glyn Myfyr (Evan Williams) 'Hedd Wyn', cerdd yng nghasgliad Llys Ednowain, Trawsfynydd.

William Morris, englyn coffa i rieni Hedd Wyn, dyfynnwyd yn *Gwae Fi Fy Myw; Cofiant Hedd Wyn*, Alan Llwyd, Cyhoeddiadau Barddas, 1991, t.313.

Alan Llwyd, 'Yr Ysgwrn', *Gwaedd y Bechgyn*, gol. Alan Llwyd ac Elwyn Edwards, Cyhoeddiadau Barddas, 1989, t.209.

J. L. (Bryste), 'Marwnad Hedd Wyn', *Llyfr Lloffion yr Ysgwrn*, Gwasg Carreg Gwalch, 2005, tt.62-69

Dafydd Moelwyn Williams, 'Yr Ysgwrn', *Llyfr Lloffion yr Ysgwrn*, Gwasg Carreg Gwalch, 2005, t.69.

Geraint Jarman, 'Cân y Bugail', o'r record hir *Mae'r Olwyn yn Troi*, Sain, 1974.

Monallt (John Henry Roberts), 'Yr Ysgwrn', *Llyfr Lloffion yr Ysgwrn*, Gwasg Carreg Gwalch, 2005, t.73.

Jâms Niclas, dyfynnwyd yn *Llyfr Lloffion yr Ysgwrn*, Gwasg Carreg Gwalch, 2005, t.87.

T. Llew Jones, 'Cadair', *Gwae Fi Fy Myw; Cofiant Hedd Wyn*, Alan Llwyd, Cyhoeddiadau Barddas, 1991, t.275.

Iwan Llwyd, 'Y Bugail', *Dan Anesthetig*, Iwan Llwyd, Iwan Bala, Gwasg Taf, 1987, t.20.

Einion Evans, 'Cadair Ddu Birkenhead', *Barddas* 171-2, Gorffennaf – Awst 1991.

Richard Jones, Llanfechell, 'Ger Bedd Hedd Wyn' dyfynnwyd yn *Llyfr Lloffion yr Ysgwrn*, Gwasg Carreg Gwalch, 2005, t.70.

Alan Llwyd. 'Francis Ledwidge a Hedd Wyn, *Gwae Fi Fy Myw; Cofiant Hedd Wyn*, Alan Llwyd, Cyhoeddiadau Barddas, 1991, t.254.

Tudur Dylan Jones, 'I Ḍeulu'r Ysgwrn', *Llyfr Lloffion yr Ysgwrn*, Gwasg Carreg Gwalch, 2005, t.73.

Gai Toms 'Ellis Humphrey Evans' o CD *Yr Eira Mawr*, Crai 2006.

Gruffudd Antur, fel rhan o 'Her Can Cerdd 2013' (Llenyddiaeth Cymru) – un o'r 100 o gerddi a luniodd gyda Sion Pennar, Elis Dafydd ac Elan Grug Muse o fewn pedair awr ar hugain.

Rhys Iorwerth, 'Dim Ond . . .' *Pigion y Talwrn 13*, gol. Ceri Wyn Jones, Cyhoeddiadau Barddas, 2016, t.96.

Ifor ap Glyn, 'Darllen ei Grys', Talwrn y Beirdd, BBC Radio Cymru, 2014.

Myrddin ap Dafydd, 'Gerald Williams, Yr Ysgwrn', *Pigion y Talwrn 13*, gol. Ceri Wyn Jones, Cyhoeddiadau Barddas, 2016, t.194.

Cerddi heddiw

Hanes y cyfarfod coffa yn Neuadd Trawsfynydd, o'r *Cymro*, 19.9.17, t.1

Recordiwyd atgofion Seimon Jones, 26.9.1975, gan Robin Gwyndaf. AWC 4763-64.